ANNUAIRE TÉLÉTRAVAIL TRAVAILLE À DISTANCE POUR LES CORRECTEURS INDÉPENDANTS

32 sites internet indispensables et fiables

ISBN : 978-2-37795-025-6

ALI DIAK

ISSACAR ÉDITION

LICENCE

MENTION LÉGALE

Le but de cet annuaire est de fournir des informations et de présenter des sites Web pour résoudre des tâches de télétravail pour correcteur. Des mesures ont été prises pour mettre les informations à jour à la date de rédaction. Il est probable d'avoir des sites internet en dysfonctionnement. L'auteur n'a aucune responsabilité sur l'utilisation du contenu de cet ouvrage. Ainsi de toute mauvaise compréhensions et déviation qui sera provoquer par la lecture de ce contenu. Pour toute information sur votre domaine d'expertise, consultez un expert de votre région.

DÉDICACE

Je dédicace cet annuaire aux correcteurs.

J'apprécie en vous :

* *la lecture minutieuse et approfondie du texte*

* *le bon usage orthographique et grammatical*

* *le respect des règles typographiques*

* *les solides capacités rédactionnelles*

Cet annuaire vous sera bénéfique dans le développement de votre activité d'indépendant.

CONTACT

Email : issacar.edition@gmail.com

Site Internet : https://issacaredition.com/

PRÉFACE

Le boom de l'Internet permet enfin que le travail à distance ou télétravail se transforme en une réalité pour beaucoup de correcteurs indépendants. Le métier de correcteur est en pleine expansion et la demande ne cesse d'augmenter.

Le travail à distance ou télétravail peut être accompli en un seul lieu, en plusieurs lieux, en tout ou en partie au domicile, dans le cadre de déplacements professionnels, seul ou en groupe.

Le télétravail est depuis longtemps le moyen privilégié de gagner sa vie pour ceux qui aiment fixer leurs propres heures et demeurer leur propre patron, les mères de jeunes enfants, tous ceux qui pensent que les déplacements représentent une perte de temps et ceux qui aiment éviter la politique du bureau.

Mais le souci est que beaucoup de gens ne savent pas comment trouver des travaux de télétravail. Et les services qui peuvent être effectués à distance. À travers ce livre sous forme d'annuaire, vous comprendrez soudainement ce qu'est le télétravail, les avantages et inconvénients, l'environnement, quelques suggestions ... Etc.

Ce livre cible tout correcteur indépendant qui souhaite trouver du travail à distance.

SOMMAIRE

I.   DÉFINITION DE TRAVAILLE À DISTANCE

Le travail à distance ou télétravail, c'est lorsque vous travaillez d'un autre endroit à votre bureau (comme à la maison). Vous utilisez des téléphones et Internet pour vous connecter à votre bureau.

Le télétravail peut s'effectuer depuis le domicile, un télécentre, un bureau satellite ou de manière nomade (lieux de travail divers selon l'activité à réaliser). Dans le cadre du travail salarié, mais aussi depuis des espaces de travail partagés (coworking), dans le cadre du télétravail indépendant.

II.   QUELS SONT LES AVANTAGES ET LES INCONVÉNIENTS DU TRAVAIL À DISTANCE ?

Les avantages essentiels et inconvénients du télétravail.

Les avantages :

- Améliore la santé.

- Améliore le bien-être.

- Une meilleure hygiène de vie.

- Une meilleure mentale.

- Une meilleure santé physique.

- Une meilleure alimentation.

- Augmentation de la productivité.

- Un gain de temps.

- Gain de confort.

- Libre pour les activités personnelles.

- Suppression des trajets domicile-travail.

- Augmentation de la motivation.

- Plus de contrôle sur la vie professionnelle.

- Concentration sur le travail.

- Plus d'économies d'argent.

- Plus d'heures de sommeil.

- Pas d'habillage pour le lieu de travail.

- Heures de travail flexible.

- Vous travaillez n'importe où.

- Une indépendance totale.

- Vous vivez n'importe où.

- Réduction des déplacements.

- Liberté personnelle.

- Liberté sur les choix.

- Entièrement autonome.

- Salaire fixe et identique.

- Vous choisissez avec qui vous voulez travailler.

- Indépendance financièrement.

- Vous choisissez où travailler.

- Vous choisissez comment vous travaillez.

- Vous serez entièrement autonome.

- Plus de temps avec les proches.

- Vous n'aurez pas à vous déplacer.

- Économies sur les frais de transport.

- Gain de l'argent.

- Réalisez vos rêves.

- Voyager partout dans le monde.

- Environnement plus confortable.

- Suppression des distractions du bureau.

- Possibilité de pauses plus rallongée.

- Gestion plus facile du stress.

- Concentration efficace sur le travail à effectuer.

Les inconvénients :

- Gestion du stress plus difficile.

- Risque d'isolement accru.

- Manque d'autodiscipline.

- Difficulté à s'autogérer.

- L'isolement social.

- La difficulté de séparer vie personnelle et professionnelle.

- Être tenté de faire des heures supplémentaires.

- La perte de la culture d'entreprise.

- L'échange entre collègues peut être difficile.

- La perte du dialogue avec les collègues.

- La sécurité des données depuis le domicile

- Le travail entre employés est plus difficile.

- Du mal à communiquer efficacement avec les collègues.

- Les difficultés techniques responsabilité colossale.

- Vous devez accepter toutes les charges.

- Utilisation intensive de l'ordinateur.

- Surcharge de travail.

- Possibilité de mauvaise gestion de votre temps.

- Moins de présence physique.

- Moins de rencontres tête à tête.

- Moins d'échanges verbaux.

III.   QUEL EST L'ENVIRONNEMENT POUR TRAVAILLER À DISTANCE

Quelques conseils pour vous aider à concevoir un environnement sain de travail qui est à la fois productif et accueillant. Parfois, les plus petits ajustements peuvent produire un monde différent.

Il est appréciable de concevoir un environnement de travail productif pour vous-même qui est adapté à votre personnalité et à vos besoins. Voici quelques conseils de base à suivre :

- Prendre un emplacement où il est agréable de se concentrer.

- Disposer d'un poste de travail dédié.

- Si vous voudrez vous déplacer régulièrement, posséder un sac de rangement.

- L'équipement informatique devra être connecté à un parasurtenseur.

- Avoir de bons matériels et de bons logiciels.

- Disposer d'un bon programme antivirus pertinent et effectuer des analyses régulières.

- Installer un pare-feu pour sécuriser les données importantes de l'ordinateur.

- Installer une armoire et un bureau verrouillés.

- Mettre une bougie, une photo préférée, près de votre bureau qui vous motive.

- Possédez un éclairage adéquat dans votre bureau pour rester motivé toute la journée.

- Investir dans des décors et meubles agréables que vous aimez pour mettre sur votre bureau.

- Ajoutez de belles plantes et introduire de l'art sur vos murs.

- Avoir un disque dur afin de sauvegarder tous vos fichiers importants 1 fois par semaine, en cas d'incident.

- Assurez-vous de posséder une chaise et un bureau confortables qui soutiennent votre dos et votre cou.

- Vos pieds doivent être à même au sol ou bien soutenus par un repose-pied.

- Ventilez votre bureau souvent.

- Avoir un accès internet fiable pour prendre des appels vidéo.

- Choisir un bureau grand afin de mettre tout le matériel.

- Créer des dossiers pour ranger les documents importants.

- Votre bureau doit être bien positionné pour travailler confortablement.

- Votre dos doit être correctement soutenu par un dossier.

- Gardez votre ordinateur et les applications à jour, car ils seront très utiles pour vous.

- Gardez vos outils et vos fournitures de travail à portée de main.

- Les matériaux et l'équipement doivent être dans un endroit sec qui est protégé contre les dommages et les abus.

- Le matériel doit être éteint lorsqu'il n'est pas utilisé.

- Avoir la température et l'éclairage adéquats.

- Vous devez avoir suffisamment de lumière pour lire.

- Maintenir la porte du bureau fermée afin de jouir d'une véritable solitude

- Choisir des lampes artificielles pour fournir un éclairage adéquat.

- Assurez-vous que votre bureau est bien ventilé.

- Bien éclairé, votre lieu de travail, choisit un lieu éclairé pour bénéficier de la lumière naturelle.

- Personnalisez votre bureau pour en faire un espace qui vous inspire.

IV. QUELQUES CONSEILS POUR TRAVAILLER À DISTANCE

CONSEIL SUR L'ORGANISATION

- Organisez votre bureau, cela vous aidera à rester productif.

- Choisissez un endroit calme où vous pourrez travailler sans interruption.

- Si vos enfants sont à l'école, profitez du temps calme pour vous occuper.

- Quand vos enfants sont plus petits, travaillez pendant la sieste.

- Établir un planning parfaitement défini lorsque vous allez travailler.

- Gardez et séparez votre horaire de travail et votre temps privé.

- Veillez à travailler à des horaires habituels comme vous le ferez dans l'entreprise.

- Informez votre entourage que vous êtes occupé.

- Déterminez un calendrier qui vous convient.

- Soyez attentif aux horaires de travail.

- Respectez les temps disponibles et occupés.

- Utilisez efficacement le courrier électronique.

- Consacrez un coin aux réunions virtuelles, avec une webcam.

- Établir les tâches à faire en fin de journée.

- Planifiez le travail du lendemain la veille, de sorte que vous soyez prêt à commencer la première tâche le matin.

- Fixez-vous des buts à réaliser.

- Débutez votre travail à la même heure chaque jour.

- Consultez votre liste de prestations au début de la semaine et planifiez ce que vous ferez.

- Établissez un plan de travail et exécutez-le.

- Structurez votre journée comme dans un lieu de travail.

CONSEIL SUR LE BIEN-ÊTRE

- Faire du sport.

- Travaillez dans les espaces de coworking.

- Fréquentez des amis régulièrement.

- Promenez-vous dans votre maison tout en discutant au téléphone.

- Déplacez-vous pour déjeuner pendant 30 minutes.

- Investir dans un casque mains libres.

- Quittez la maison et marchez aux alentours avant d'entamer d'autres travaux.

- Faire des pauses souvent pendant la journée pour éviter la fatigue et la distraction.

- Changez l'ambiance de votre bureau pour être productif.

- Passez du temps avec d'autres personnes qui pourraient de même, être à la maison.

- Préparez vos aliments à la veille du jour de travail.

- Réglez une horloge pour vous étirer toutes les heures.

- Rendre l'accès aux médias sociaux beaucoup plus difficile.

- Mettre votre téléphone personnel en mode silencieux.

- Quand il fait beau, effectuez des conférences téléphoniques tout en vous promenant dehors.

- Écoutez certaines musiques propices au travail.

- Portez de splendides vêtements.

- Faites ou allez chercher du café.

- Sortez de votre lieu de travail et bougez quelques minutes toutes les heures.

CONSEIL PRÉVENTIF

- Assurez-vous d'avoir un wifi mobile décent en cas de coupure.

- Réservez deux ordinateurs, un pour le travail à distance et un à usage personnel.

- Maintenez un numéro de téléphone séparé.

  Cela aide à gérer votre vie.

- Obtenir les équipements ou outils spécifiques avant

  de commencer à télétravailler.

CONSEIL ÉCONOMIQUE

- Éteignez votre ordinateur lorsque vous ne les utilisez pas.

- Utilisez des ampoules LED, qui consomment moins

  d'énergie que les lampes incandescentes.

- Éteignez la climatisation ou le chauffage en cas d'absence.

- Utilisez des appareils électroménagers économes en énergie.

- Imprimez sur papier uniquement lorsque cela est nécessaire.

- Éteignez les lumières lorsque vous êtes absent.

CONSEIL COLLABORATIF

- Entretenir des relations avec les membres de votre équipe.

- Partagez des calendriers avec votre équipe.

- Définissez les heures d'ouverture du bureau

  et communiquez-les à vos collègues.

- Communiquez régulièrement avec vos collègues, cela aidera

  à rester connecté et à vous sentir intégré à l'entreprise.

- Planifiez des rencontres virtuelles avec votre équipe

  afin d'avancer sur des projets.

- Participez à des activités sociales.

- Rejoindre un groupe de soutien pour les télétravailleurs.

- Gardez la communication ouverte avec votre manager.

- Informez votre manager de votre progression et demandez

  de l'aide si vous en avez besoin.

CONSEILS POUR ATTIRER DES CLIENTS

- Créez un profil professionnel et attrayant.

- Incluez des informations sur vos compétences.

- Décrivez votre expérience et vos réalisations.

- Publiez des réalisations de vos labeurs afin que les clients puissent voir la qualité de votre travail.

- Utilisez des mots pertinents dans votre titre, votre description et vos tags, afin que les clients trouvent votre profil.

- Assurez-vous de faire un travail excellent, cela sera une expérience est positive.

- Répondez vivement aux demandes des internautes.

- Soyez ouvert aux critiques.

- Utilisez les avis des clients pour améliorer vos services et votre profil.

- Restez à jour sur les dernières nouveautés pour vous assurer que vos services sont toujours pertinents.

- Utilisez une photo professionnelle, un nom d'utilisateur qui reflète votre marque.

- Écrivez un texte détaillé clair qui explique ce que vous faites et pourquoi vous demeurez le meilleur pour le réaliser.

- Soyez flexible et adaptable.

- Proposez des services de qualité.

- Soyez à l'écoute de la demande du client.

- Respectez les délais de livraison.

- Soyez réactif aux messages des clients potentiels.

- Offrez une politique de remboursement.

- Participez aux groupes de discussion afin de vous faire connaître sur ces sites de télétravail.

- Sur votre profil, créez couramment des réductions pour attirer la clientèle.

- Proposez des services complémentaires pour augmenter vos revenus.

- Soyez patient.

- Restez positif.

- Publiez des images de vos travaux antérieurs.

- Offrez des conseils et des astuces dans votre domaine d'expertise.

- Fixez des prix compétitifs.

V. LES TÂCHES POUVANT ÊTRE FAIT EN TRAVAILLE À DISTANCE

En tant que correcteur, voici une liste des tâches les plus recherchées par les internautes que vous pouvez effectuer à distance ou en télétravail.

Cette liste est à ajouter dans le descriptif de votre profil ou dans les prestations que vous fournissez.

Cela permettra d'attirer plus de clients vers votre profil.

NB : **utilisez l'orthographe exacte des mots listés ci-dessous, car ce sont des mots-clés d'autant plus recherchés sur Internet.**

- correction d'un texte

- correction d'épreuves

- correction expression écrite français

- correction paragraphe anglais

- correction sens de la phrase

- correction texte grammaire

- correction formulation de phrase

- vérification faute d'orthographe

- correction texte orthographe

- correction conjugaison et grammaire

- correction orthographique et grammaticale

- vérification grammaire et orthographe

- vérification orthographe grammaire

- correction texte en anglais

- vérifier orthographe et conjugaison

- vérification d'écriture

- correction française

- sentence correction

- correction faute d'orthographe

- correction fautes

- correction texte français

- correction grammaire français

- correction conjugaison

- correction bac

- faute d'orthographe correction

- correction synonyme

- correction exercice

- correction ponctuation

- correction mots fléchés

- correction mail

- correction manuel

- correction ia

- correction orthographe ia

- correction traduction

- correction vocabulaire

- correction hyponatrémie

- correction manuel physique chimie terminale

- correction écriture

- correction livre scolaire

- youtube correction

- correction rédaction

- correction roman

- correction judiciaire en équité

- correction note de synthèse

- correction reformulation

- examination orthographe

- rectification d'écriture

- écriture journalistique

- vérifier les fautes d'orthographe

- correction vocabulaire et grammaire

- corriger les fautes d'orthographe et de grammaire

- corriger une phrase conjuguée

- correction phrase conjugaison

- vérification de grammaire

- correcteur ia

- corriger fautes français

- vérifier fautes d'orthographe

- vérification fautes d'orthographe

- correction de conjugaison dans une phrase

- correction orthographe et sens de la phrase

- correction phrase conjugué

- correction syntaxe de phrase

- correction texte faute orthographe

- corriger des phrases mal construites

- correction de phrase française

- correction grammaticale et orthographe

- vérification grammaire et orthographe

- correction conjugaison orthographe

- correction orthographe conjugaison

- correction de syntaxe

- correction grammaire et orthographe français

- vérification grammaire

- correction orthographe et grammaire

- correction ponctuation français

- correction texte conjugaison

- correcteur rephraser

- chat gpt correcteur d'orthographe

- correcteur et reformulation

- intelligence artificielle correcteur orthographe

- correction en français

- correction des phrases

- correction des fautes d'orthographe

- correction participe passé

- correction verbe

- correction accord participe passé

- correction les fautes d'orthographe

- correction de grammaire et orthographe

- correction paragraphe français

- correction d'orthographe et de conjugaison

- correction de ponctuation d'un texte

- correction des fautes d'orthographe et grammaire

- corriger les fautes d'orthographe exercice

- corriger les fautes d'un document

- corriger les fautes de conjugaison

- vérification de fautes d'orthographe

- vérification grammaire française

- correction de phrase avec ponctuation

- correction syntaxe et grammaire

- corriger le texte français

- vérifier orthographe phrase

- grammaire et conjugaison correction

- orthographe exacte d'une phrase

- correction des erreurs d'orthographe

- correction des phrases françaises

- corriger fautes de grammaire

- corriger paragraphe français

- vérifier orthographe et grammaire

- correction syntaxe et orthographe

- correction de langue

- correction de langue française

- correction de textes orthographe et grammaire

- rectifier les fautes d'orthographe

- correction par derrière mots flèches

- corriger les fautes d'orthographe

- correction d'orth

- correction d'orthograph

- vérification orthographique

- rédaction journalistique

- corriger une phrase

- correction tournure de phrase

- corriger des phrases

- correcteur de virgule

VI.   LES OUTILS POUR LE TRAVAIL À DISTANCE

Des outils pratiques vont faciliter vos travaux à distance. Voici ci-dessous la liste de ces outils et les liens vers les éditeurs :

1 - Outils de gestion de projet

Trello

Trello est un outil d'organisation gratuit et facile à utiliser pour organiser les tâches quotidiennes.

Lien : https://trello.com/

Asana

Asana représente un outil qui favorise la collaboration et la communication entre les membres d'une équipe de travail.

Lien : https://asana.com/fr

TeamViewer

TeamViewer a pour rôle de solutionner des sécurités pour l'accès à distance aux ordinateurs et aux réseaux.

Lien : https://www.teamviewer.com/fr/

Remote PC

RemotePC fournit la solution la plus élevée grâce à la mise en miroir d'écran presque en temps réel. Il affiche l'écran de l'ordinateur client directement dans le navigateur.

Lien : https://www.remotepc.com/

3 - Les outils de transfert de fichier

Google Drive

Google Drive est un moyen de sauvegarde, de visualisation, de gestion et de partage de fichiers en ligne.

Lien : https://www.google.com/intl/fr/drive/

Dropbox

DropBox représente un outil en ligne gratuite et facile à utiliser, accessible via n'importe quel navigateur. Il sert à stocker des fichiers.

Lien : https://www.dropbox.com/

4 - Les outils d'appels vidéo et de partage d'écran

Zoom

Zoom est un logiciel permettant de réaliser de la vidéoconférence tout en partageant son écran avec plusieurs participants.

Lien : https://zoom.us/

Jitsi Meet

Jitsi Meet est un outil qui peut organiser des conférences Web.

Il fournit également les fonctions de chat classiques, qui peuvent partager des écrans ou transférer un ou plusieurs documents.

Lien : https://meet.jit.si/

VII. COMMENT TROUVER DU TRAVAIL À DISTANCE

Pour rechercher des travaux en télétravail, vous pouvez vous inscrire sur plusieurs sites de télétravail dans la correction. Il y a plusieurs types de sites qui fournissent des milliers de tâches dédiés à la correction en télétravail.

De ma part, il est préférable de désigner les sites qui présentent plusieurs avantages qui sont :

- la sécurité des échanges entre correcteurs et clients
- la résolution des litiges
- la garantie de paiement et contrats

Chaque plateforme de travail à distance dispose de ses propres principes. Le principe est de lier les correcteurs indépendants à des entreprises.

Généralement, l'inscription est gratuite, mais il y a des commissions compris entre 0 % et 20 % du montant payé par le client au correcteur. Ces plateformes vous servent d'intermédiaire et cela représente une sécurité pour vous, car cela évite les impayés et les arnaques.

Il existe 2 types de mises en contact sur les sites de travail à distance :

1 - La mises en contact du correcteur d'avec les demandes du client

Le correcteur indépendant consultera les demandes des clients puis réalisera les travaux demandés ou enverra des devis.

2 - La mises en contact du client d'avec le correcteur des services dont il a besoin

Les correcteurs peuvent choisir de poser des questions aux clients pour obtenir des informations plus détaillées sur la commande.

Les clients consultent le profil des correcteurs qui satisfait à leurs besoins puis entre en relation...

Les clients peuvent demander des informations plus détaillées sur les services que fournit le correcteur.

Pour vous faciliter les taches de recherche, j'ai classé et sélectionné 32 sites de télétravail mondial. Certains sites utilisent le français, tandis que d'autres utilisent l'anglais.

VIII. LISTE DES SITES OFFRANT DU TRAVAIL À DISTANCE POUR LES CORRECTEURS

1. Malt

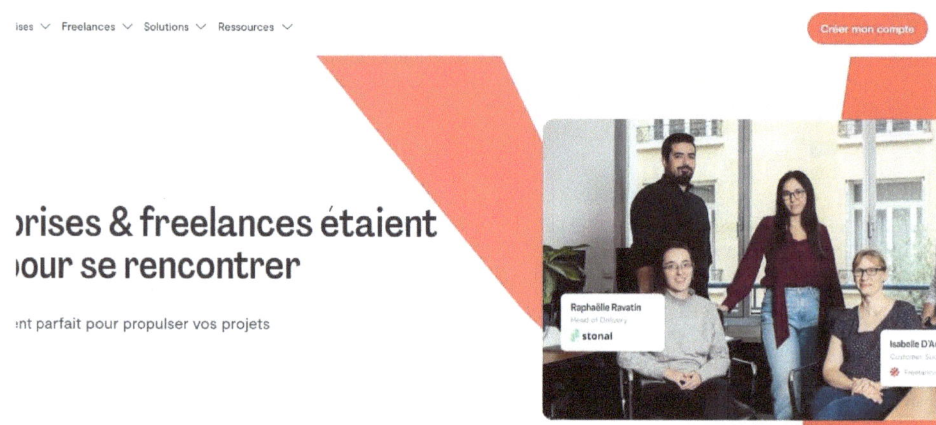

Il s'agit d'un site web français mettant en relation des entreprises et des correcteurs indépendants. Il a été créé en 2013 dans le but de fournir l'essentiel, aux correcteurs indépendants résidant en France et en Europe. Vous pouvez utiliser plusieurs langues. Après confirmation du client, Malt vous paiera par virement bancaire ou par carte bleue. La commission de malt est de 5 à 10 % du montant que vous facturez à vos clients.

https://www.malt.fr/

Upwork existe présentement dans 180 pays et vous pouvez résoudre des tâches et travailler dans toutes les langues possibles. Le site est en anglais. Upwork vous paiera par PayPal ou par virement bancaire après satisfaction du client. Vous payez 20 % de commission pour une facture de 500 $. 10 % de commission pour une facture allant de 500,01 $ à 10000 $ et 5 % de commission pour une facture dépassent 10000 $.

https://www.upwork.com/

3.Comeup

Comeup est un site français très complet. Il est destiné aux correcteurs indépendants résidant en France et en Europe. La commission prise est de 20 % de la commande du client. Comeup vous paiera par virement après satisfaction du client.

https://www.comeup.com/fr/

4.Fiverr

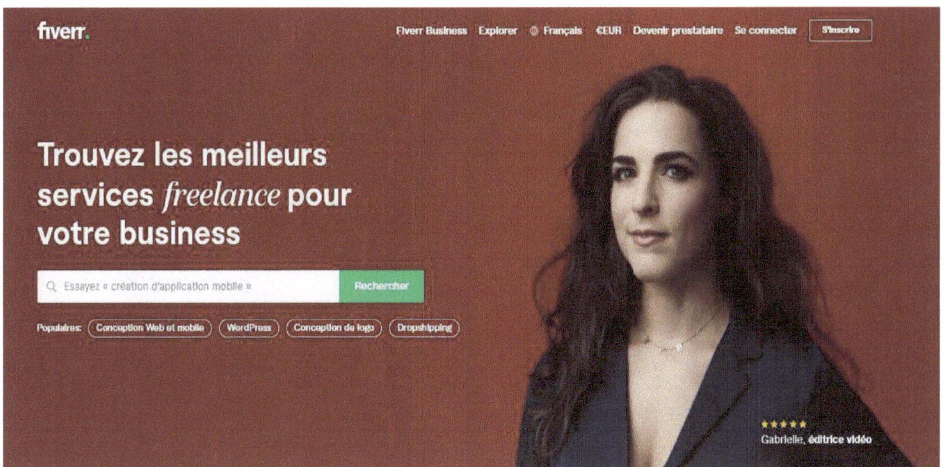

Fiverr est un site Web aux États-Unis qui relie le correcteur à l'entreprise. Le site Web est rédigé en plusieurs langues. Il convient aux relecteurs du monde entier. Les correcteurs enregistrés peuvent acheter et vendre des services sur Fiverr. Le paiement n'est retourné au relecteur que lorsque le client est satisfait. Les méthodes de paiement sont PayPal, carte de crédit, Skrill, Bitcoin. La commission de leur prestation est de 20 %

https://fr.fiverr.com/

5.Twago

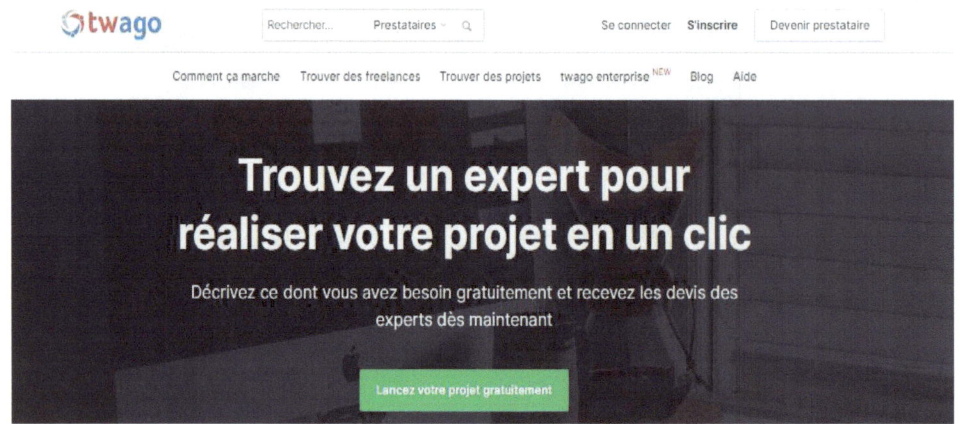

Twago est un site allemand rédigé en plusieurs langues qui met en relation les correcteurs avec des clients porteurs de projets en correction et relecture. Le client compare plusieurs devis obtenus de correcteurs et sélectionne le devis qui le convient. Le correcteur bénéficie d'une formule découverte gratuite, qui lui permet de fournir des devis aux clients deux fois par mois. Twago déduira une commission de 10 % au correcteur sur la facture du client après satisfaction des travaux. Le mode de paiement du correcteur est le système de paiement SAFEPAY. Cela s'applique aux correcteurs du monde entier.

https://www.twago.fr/

6.Guru

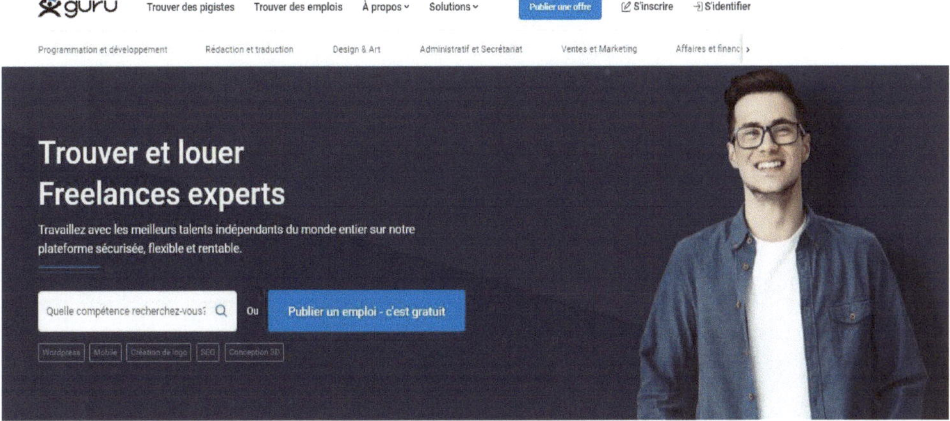

Guru est un site en langue anglaise basé aux états Unis qui met en contact les correcteurs avec des clients. Le clients choisi le meilleur devis proposer par plusieurs correcteurs. Plusieurs méthodes de paiement sont acceptées, les Safepay, PayPal, Payoneer, virement bancaire et retrait des fonds de votre compte Cash sur Guru. Il est destiné aux correcteurs du monde entier. Les clients viennent de partout dans le monde entier.

https://www.guru.com/

7.Freelance

Freelance est un site Français pour vendre vos services de correction directement. Choisissez les projets dédiés à la correction, travaillez simplement et facilement avec vos clients. Le site est destiné aux correcteurs du monde. Les paiements sont sécurisés et effectués sous 24h à la fin de la mission. Freelance prend une commission de 12,5 % au client à la fin de votre travail

https://www.freelance.com/

8.Scribbr

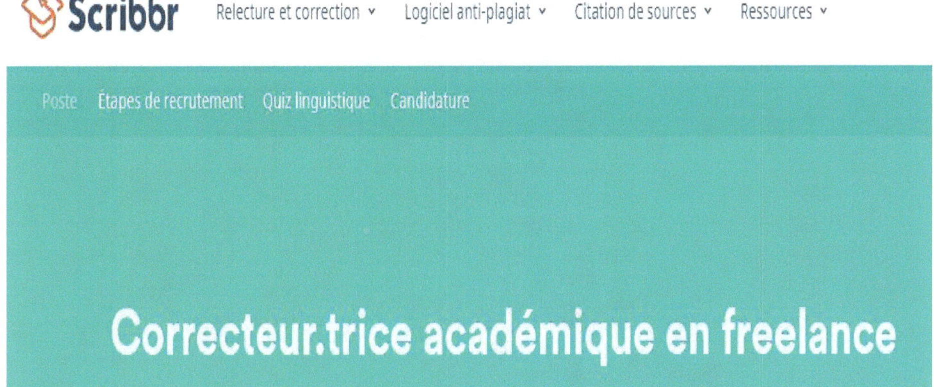

Scribbr est un site français de relecture et correction de documents. Disponible 24h/24 et 7j/7, le site est composé uniquement de correcteurs. Scribbr propose des missions aux correcteurs indépendants venant du monde entier. Le client direct est Scribbr, ce sont eux qui vous payent directement. Vous êtes payé entre 20 à 25 euros de l'heure et vous devez être disponible minimum 10 h par semaine.

https://www.scribbr.fr/

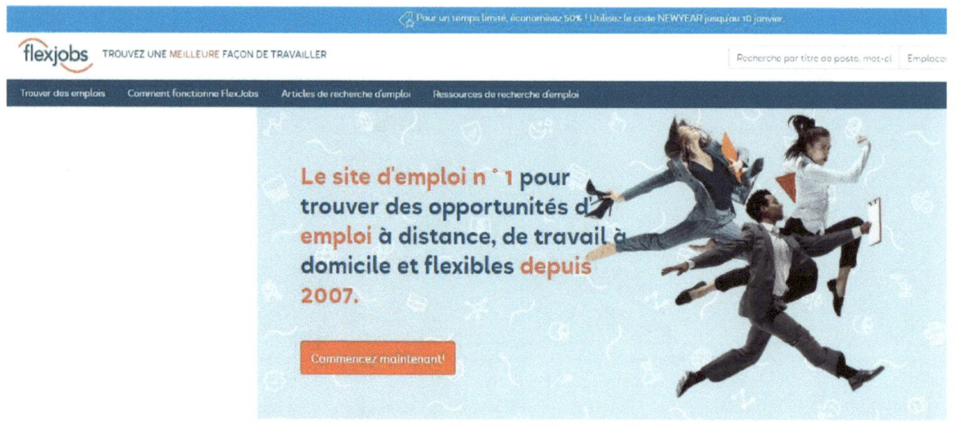

FlexJobs est une plateforme américaine spécialisé dans les emplois à distance, à temps partiel et indépendants dans le monde. Vous trouveriez des missions de correction partout dans le monde. Le site est destiné aux correcteurs du monde entier. L'inscription est payante pour avoir accès aux missions. 1 semaine à 6.95 dollars, 1 mois 14.95 dollar et 3 mois 29.95 dollars et 1 an 49.95 dollars. Vous traiterez directement avec le client.

Vous bénéficiez d'une garantie satisfaite ou rembourser au cas où vous êtes insatisfait des contacts que vous aviez reçus. Vous pouvez payer l'abonnement par cartes prépayées Visa, MasterCard, American Express ou par PayPal.

https://www.flexjobs.com/

10. Virtualvocations

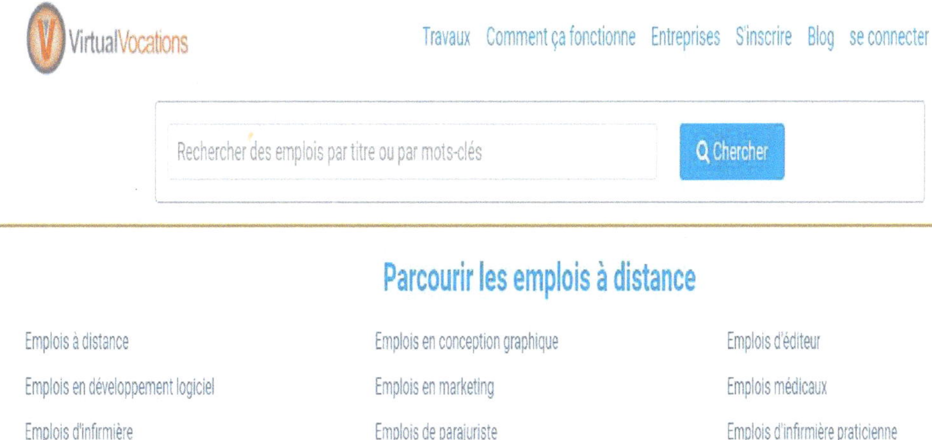

Virtualvocations est un site Web américain spécialisé dans le travail à distance. Vous résoudrez des tâches de correction partout dans le monde. Le site est ouvert aux correcteurs du monde entier. L'inscription est gratuite, vous pouvez ainsi profiter de réductions de mission limitées. Après vous être abonné, vous auriez de nombreuses autres tâches. 15,99 $ pour 1 mois 39,99 $ pour 3 mois et 59,99 $ pour 6 mois. Vous communiquez directement avec les clients. Si vous êtes insatisfait du contact reçu, vous obtiendrez une garantie satisfaisante ou un remboursement. Vous pouvez payer les frais d'abonnement par carte ou PayPal.

https://www.virtualvocations.com/

11. Zeerk

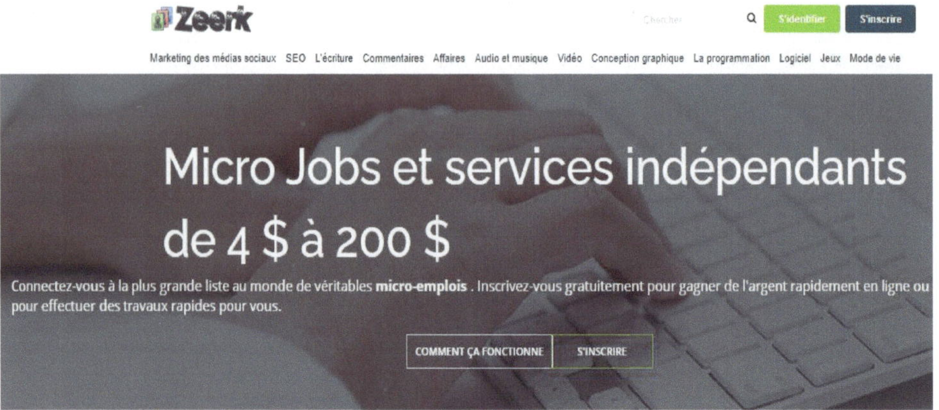

Zeerk est un site de télétravail. Il est destiné aux correcteurs et clients du monde entier. Ils favorisent la mise en relation entre correcteurs et entreprises. Les méthodes de paiement sont PayPal. La commission de leur prestation est de 10 %. Ils facturent une commission de 10 % sur vos prestations sans attente et vous êtes payé le jour de votre prestation.

https://zeerk.com/

12. Truelancer

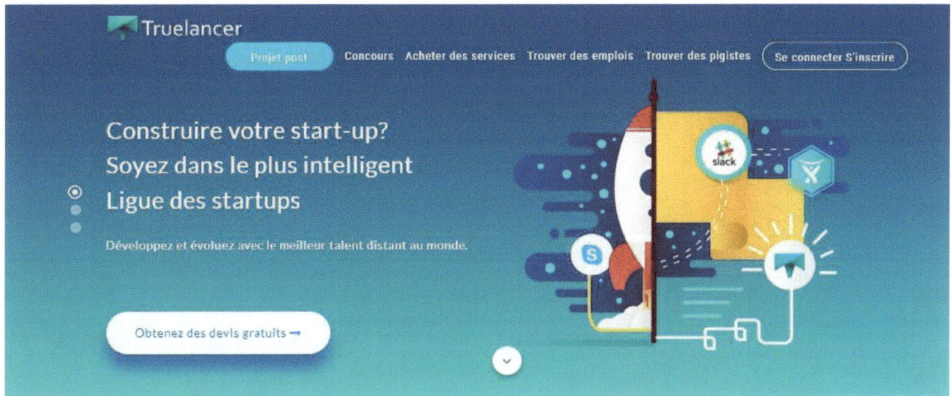

Truelancer est un site de mise en relation pour travailler vos compétences de Correcteurs. Ils travaillent avec des correcteurs et clients mondiaux. L'inscription gratuite vous permet d'envoyer 20 propositions par mois. La commission prise est de 8 % à 10 %. Vous êtes payé par PayPal, skrill, payonner paypal, payoneer, carte bancaire, virement bancaire.

https://www.truelancer.com/

13. Freelancer

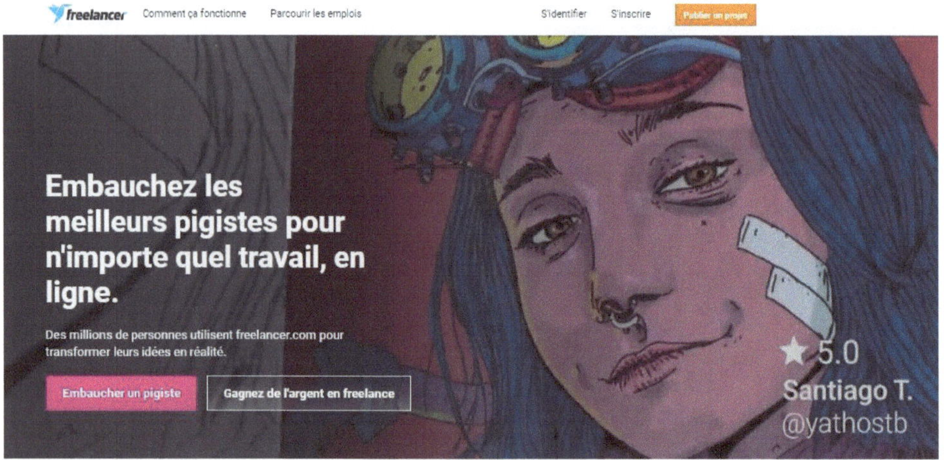

Freelancer est un site de télétravail basé en Australie, destiné aux correcteurs et clients du monde. Il est traduit en toutes les langues du monde. La commission prise sur vos factures est de 10 à 15 %. Vous êtes payé par PayPal, skrill, payonner, carte bancaire, virement bancaire.

https://www.freelancer.com/jobs/proofreading/

14. Peopleperhour

Peopleperhour est un site anglais de mise en relation basé au royaume uni, destiné aux correcteurs et clients du monde. Avec l'inscription de base, vous pourriez qu'éditer 15 devis par mois, si vous souhaitez faire un devis de plus, vous pouvez acheter du crédit supplémentaire.

https://www.peopleperhour.com/

15. Jobspresso

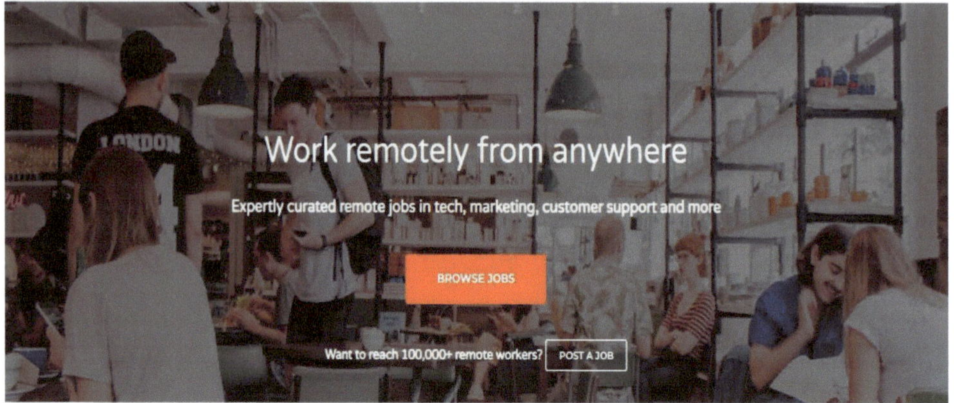

Jobspresso est un site Canadien basé à Toronto de mise en relation destiné, aux correcteurs et clients du monde. L'inscription est sans frais pour les freelances. Vous travaillez de n'importe quel endroit du monde. Le site ne vous prélève pas de commissions sur les freelances. Soyez contacté directement par les entreprises après avoir soumis votre CV

https://www.jobspresso.co/

16. Toogit

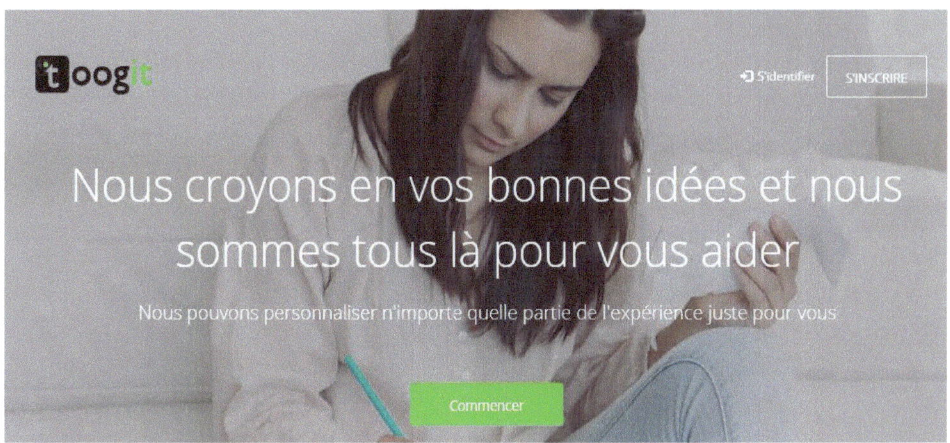

Toogit est un site anglais basé aux états unis de mise en relation, destiné aux correcteurs et clients du monde. Le mode de paiement est par PayPal, ou Carte Bancaire.

La commission prise est de 8 %.

https://www.toogit.com/

17. Wordclerks

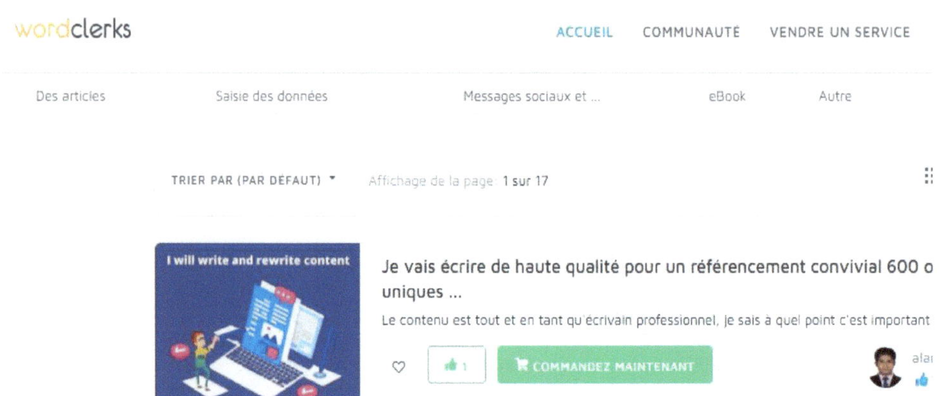

Wordclerks est un site de travail à distance basé aux états unis destiné aux correcteurs et clients du monde.

Le mode de paiement est par PayPal, ou Carte Bancaire.

La commission prise est de 15 %.

https://wordclerks.com/

18. Kang

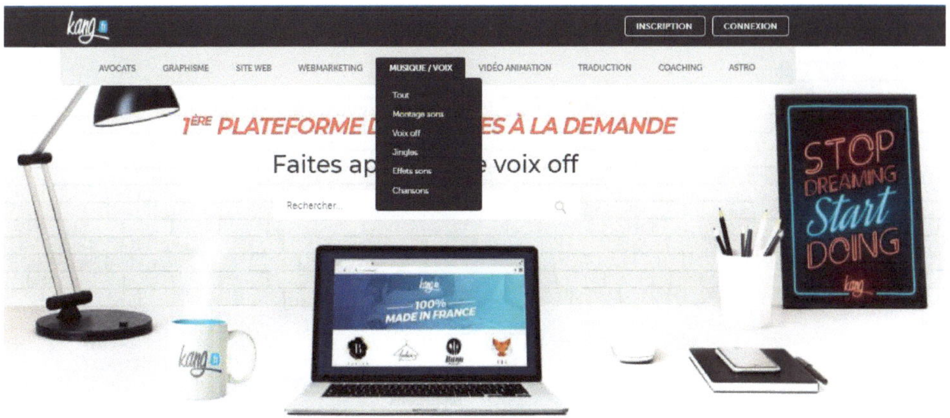

Kang est un site français destiné aux correcteurs indépendants résidant en France. Les clients viennent de plusieurs pays. La commission prise est entre de 25 % à 45 % de la commande du client. Vous êtes payé par Carte Bancaire, Paypal, PaySafecard et Cashlib après satisfaction du client.

https://www.kang.fr/

19. Fourerr

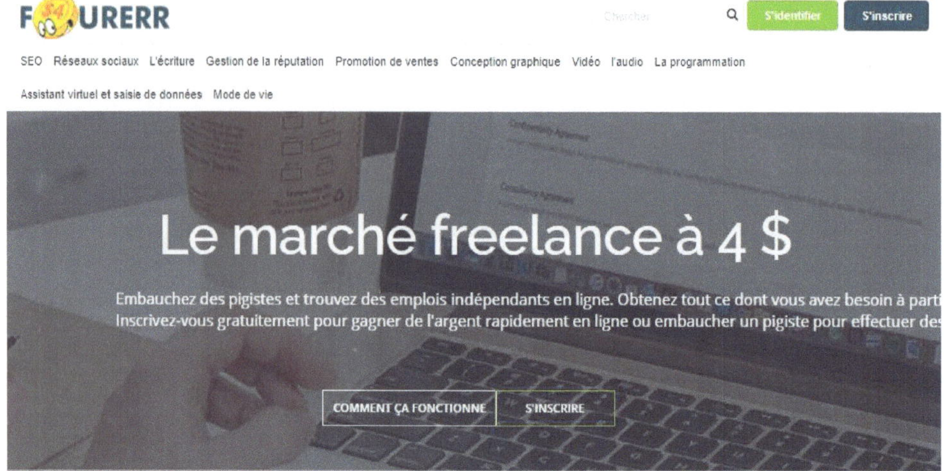

Fourerr est un site anglais basé au royaume uni destiné aux correcteurs indépendants du monde entier. La commission prise est de 20 % de la commande du client. Vous êtes payé par Payoneer, Paypal après satisfaction du client.

https://fourerr.com/

20. Khdemti

Khdemti est un site français de télétravail mettant en contact correcteurs et entreprises du monde entier. Khdemti retient aucuns frais de commission sur chacun de vos projets terminés. En revanche ils servent d'arbitrage en cas de problème.

Le site est disponible en anglais également.

https://www.khdemti.com/

21. Textmaster

Textmaster est un site de travail à distance destiné aux correcteurs du monde entier. Le paiement se fait par paypal ou payonner. Le site est en plusieurs langues. Vous êtes payé au nombre de mots.

https://www.textmaster.com/

22.Pacayo

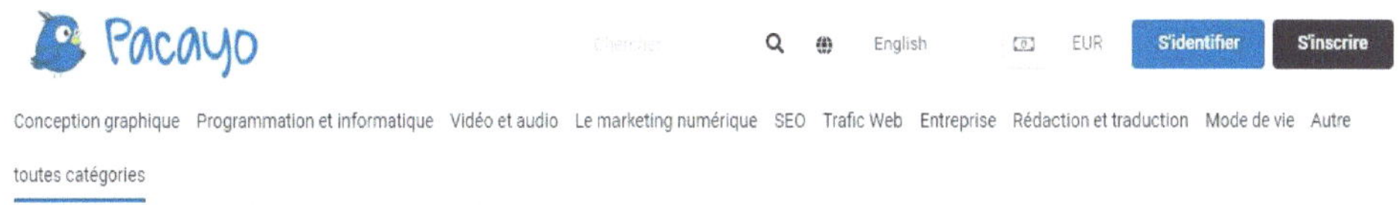

Pacayo est un site de travail à distance. Son rôle consiste en la mise en relation des correcteurs mondiaux d'avec des clients internationaux. Le paiement se fait par PayPal et payonner. La commission prise sur chaque facture de vos clients est de 20 %.

https://www.pacayo.com/

23. Onehourtranslation

Onehourtranslation est une plateforme de corrections disponible dans le monde entier. Tous les clients internationaux sont ceux de la plateforme.

Vous payez immédiatement par le site après validation de votre candidature.

https://fr.onehourtranslation.com/

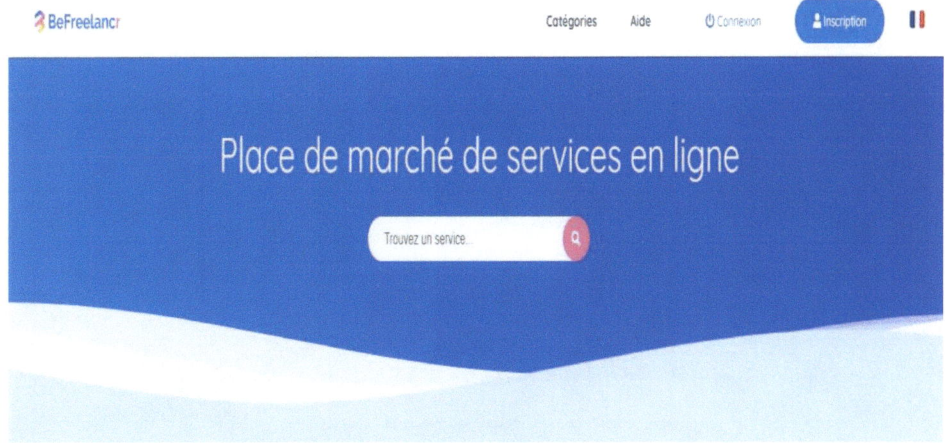

Befreelancr vous permet de fournir vos services de correction. Pour se procurer des services de correction, il faudrait saisir dans la barre de recherche les mots-clés suivants : « réécriture » « relecture » « correctrice » « correction ». Le correcteur est payé via Paypal ou virement bancaire. Vous pouvez retirer le montant disponible à tout moment. Befreelancr prend 60 % de commission sur les ventes que vous effectuez.

https://www.befreelancr.com/fr

25. Talent hubstaff

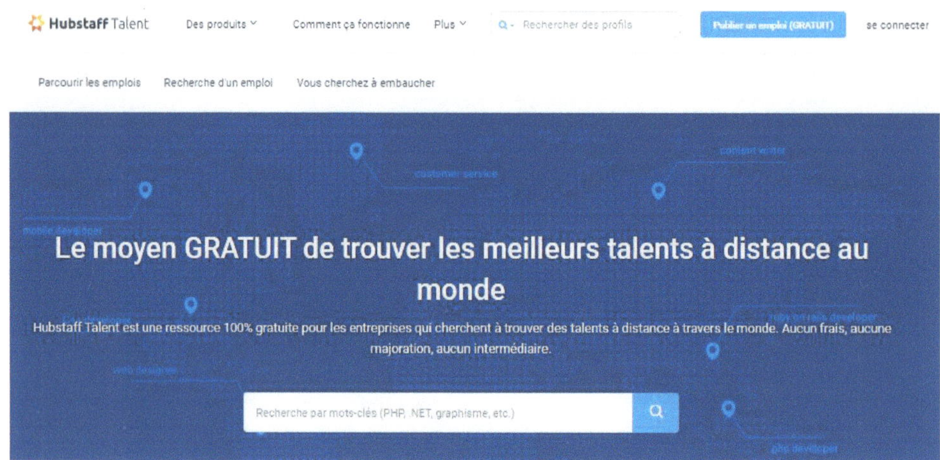

Talent hubstaff regroupe certains correcteurs du monde entier. Vos clients vous viennent de partout le monde. Vous pourriez soudainement créer une équipe de correcteurs à distance sans aucuns frais ni majoration.

https://talent.hubstaff.com/

26. Humaniance

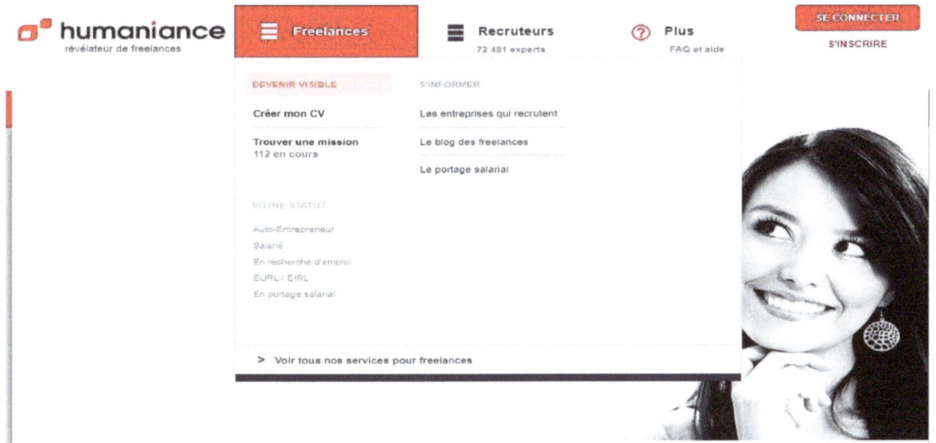

Humaniance propose des offres de missions pour les correcteurs.

L'inscription est gratuite. Il aide à développer votre activité.

http://www.humaniance.com/

27. Les bons freelances

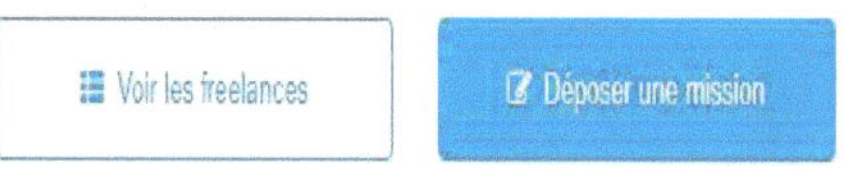

Les bons freelances permettent d'accroître votre visibilité. Vous obtenez immédiatement des demandes de nouveaux clients dans le domaine de la correction. L'inscription est gratuite et il n'y a aucune commission.

https://www.lesbonsfreelances.com/freelances/relecture

28. Codeur

Codeur vous permet de trouver des missions pour les correcteurs. De nombreuses entreprises font appel aux correcteurs.

https://www.codeur.com/projects/c/web/sc/relecture-correction

29. 404works

404Works met en relation correcteurs et clients. L'inscription est gratuite. Vous envoyez des propositions aux clients sur tous les projets en illimité.

https://www.404works.com/fr

30.Golance

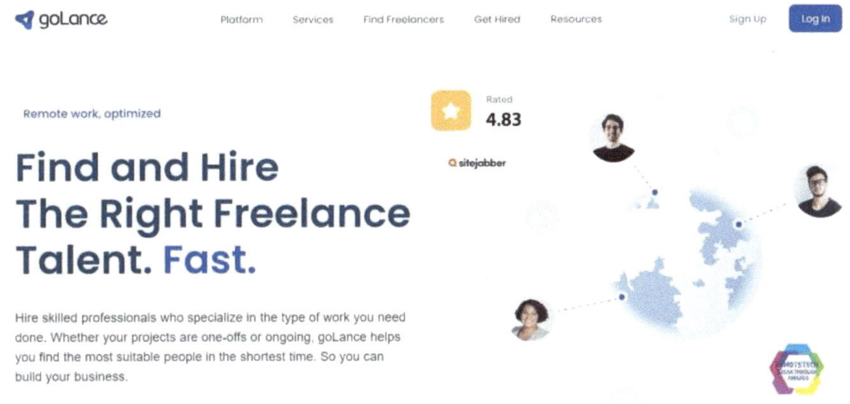

Golance est un site de mise en relation pour les correcteurs. Vous pouvez postuler à autant de tâches que vous le souhaitez, et l'inscription est gratuite. Golance facturera 7,95 % en plus des ventes de vos prestations. 5 jours de sécurité cliente sont nécessaires pour évaluer la qualité du travail. Le paiement du correcteur se fait à la validation du client, par cartes de crédit, cartes prépayées Payoneer, virements bancaires ou en crypto-monnaie.

https://www.golance.com/

31. Proz

Proz est une communauté de correcteur, traducteurs, transcripteur…

Vous pouvez vous inscrire pour présenter vos prestations, vous aurez accès à des milliers offres de missions en correction.

https://www.proz.com/

32.Airjob

  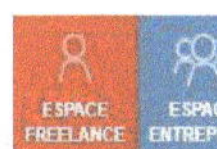

Airjob permet de naviguer à travers le site sans création de compte. Vous pouvez rechercher les missions de corrections sans soucis.

Une fois vos missions trouvées, il vous suffit de vous inscrire pour pouvoir postuler.

https://www.airjob.fr/

Conclusion

Le télétravail n'a cessé de se développer et connaît de plus en plus de succès ces derniers temps. Il ajoutera plus de valeur à toutes vos prestations et rendra vos activités indépendantes, efficaces et productives.

Cela vous permettra d'élargir votre clientèle mondiale et vous aurez juste besoin de la bonne organisation pour réussir. Tous les sites nommés et détaillés dans cet œuvre peuvent vous aider à déterminer vos futurs objectifs.

A Propos de l'auteur

Je suis Ali Diak diplômé dans les métiers de Webmaster, Développeur Web, Webdesign, Administrateur de serveur web, Consultant web, Développeur Webdev, Prestashop et Wordpress.

Je suis à mon compte depuis plus de 12 ans aux services des entreprises et particuliers, pour toutes les tâches liées à l'internet.

Le but de mon ouvrage, c'est d'aider tous les professionnels à trouver des missions, des marchés, des services grâce à des sites internet fiable, solvable et sécurisé de partout dans le monde entier.

Cet ouvrage sous forme de guide ou d'annuaires permet aux professionnels de se concentrer sur le développement de leurs activités sans perte de temps dans les recherches sur internet.

Demande Avis

Vous aimez cet annuaire ?

Alors ce serait adorable de prendre quelques secondes pour laisser votre avis sur la plateforme d'achat et/ou en me donnant votre ressenti.

Par Email à : issacar.edition@gmail.com

Merci pour votre achat.

Biographie Auteur

Ali Diak est diplômé dans les métiers de l'informatique.

Ali Diak est passionné de l'informatique et des mathématiques depuis l'âge de 6 ans.

Elle a soutenu de nombreuses personnes de tous niveaux en mathématiques.

Elle est depuis plus de 13 ans aux services des entreprises et particuliers pour toutes les tâches liées à l'internet.

Elle est gérante d'une entreprise internet.

Ces diverses expériences professionnelles acquises, l'on permit de déceler plusieurs problèmes quotidiens dans le domaine du web qu'elle résout au travers de ces ouvrages.

Étant aussi passionné d'écriture depuis longtemps, elle à publier son premier livre "Qu'est-ce qu'un blog" en 2018.

Depuis lors, elle saute sur les occasions pour sortir des livres afin d'aider les lecteurs et internautes dans leur usage de l'internet.

Tous les ouvrages vous facilitent la navigation sur internet de manière sécurisée et sans crainte.

Ali Diak à tester, vérifié tous les sites figurants dans ces livres sous forme d'annuaire ou guide et veille fréquemment sur la mise à jour de ces sites qui s'y trouvent.

Très investi dans le monde édition de livre, elle tient le site "issacaredtion.com" qui rassemble tous ces livres.

Actuellement plusieurs ouvrages sont en vente sur cette plateforme.

Profitez de ces conseils, expériences dans le monde du web.

Ali Diak vous encourage à vous abonnez et la suivre sur les différentes pages pour être au courant de futures publications.

Livres de l'auteur

Les autres écrits d'Ali Diak ci-dessous sont appréciés par un large lectorat. Vous pourrez les obtenir sur la même plateforme ou le même site que celui où vous les avez précédemment achetés.

- Annuaire télétravail pour Ecrivains indépendants 41 sites indispensables

- Annuaire télétravail pour Traducteur indépendant 43 sites indispensables

- Annuaire télétravail pour Comptables indépendants 34 sites indispensables

- Annuaire télétravail pour Secrétaires indépendants 35 sites indispensables

- Annuaire télétravail pour Transcripteurs indépendant 39 sites indispensables

- Annuaire télétravail pour Informaticiens indépendants 45 sites indispensables

- Annuaire télétravail pour Développeurs WinDev Webdev indépendants 40 sites

- Annuaire télétravail pour Programmeurs développeurs indépendants 44 sites indispensables

- Annuaire télétravail pour Graphistes Infographe indépendants 49 sites indispensables

- Annuaire télétravail pour Testeurs en informatique indépendants 41 sites indispensables

- Annuaire télétravail pour Photographe indépendants 37 sites indispensables

- Annuaire télétravail pour Musiciens indépendants 32 sites indispensables

- Annuaire télétravail pour Vidéastes indépendants 43 sites indispensables

- Qu'est-ce qu'un blog